Richard Wüerst, Ernst Wichert

A-ing-fo-hi

Komische Oper in drei Acten

Richard Wüerst, Ernst Wichert

A-ing-fo-hi

Komische Oper in drei Acten

ISBN/EAN: 9783743699427

Hergestellt in Europa, USA, Kanada, Australien, Japan

Cover: Foto ©Thomas Meinert / pixelio.de

Weitere Bücher finden Sie auf **www.hansebooks.com**

A-ing-fo-hi.

Komische Oper in drei Acten
mit Benutzung einer Novelle des Barrili
von Ernst Wichert.
Musik von Richard Wüerst.

Personen.

Robert Fenoglio,	Advocat.............	*Bariton*
Felix Magnasco,	ein junger Genueser, sein Freund.....	*Tenor*
Laura Moneglio,	eine reiche Genueserin, Wittwe....	*Sopran*
Erminia Tonelli,	die Tochter eines Verbannten....	*Mezzosopran*
Cavaliere Gallesi,	Polizeidirector............	*Bass*
Negri }	Polizeisergeanten.	*Bass*
Piccione }		*Tenor*
Filippo }	Diener Fenoglios.	*Bass*
Pietro }		
Dora,	Zofe der Laura Moneglio................	

Damen vom Theatro Carlo Felice, Gäste, Masken etc.
Ort der Handlung: Genua. Zeit: Anfangs der Fünfziger Jahre.

INHALTSVERZEICHNISS.

ACT I.
		Seite.
№ 1.	Introduction...............	4
№ 2.	Melodram und Quartett.........	13
№ 3.	Duett..................	32

ACT II.
№ 4.	Arie............	45
№ 5.	Arie.........	48
№ 6.	Duett.....	52
№ 7.	Terzett....	57
№ 8.	Arie............	79
№ 9.	Finale......	82

ACT III.
№ 10.	Arie.........	94
№ 11.	Ensemble....	98
№ 12.	Duett..	103
№ 13.	Finale......	109

N?2. Melodram und Quartett.

Adagio.

FENOGLIO. Gott Zufall_ gut! Gott Zufall soll regieren! Dem Unbekannten sie zu überlassen empfahl er mir.

Probiren wir's einmal! Was in den nächsten zehn Minuten thun? Narr, denkst du wieder? Zufall mag es wissen.

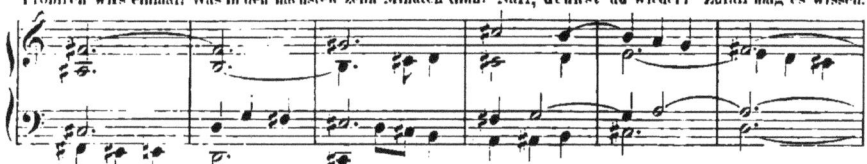

Uh, bin ich müde! Schlafen gehn, zu Bett, zu Bett! _ Zu Bett? _ Warum zu Bett? Das hiesse um die gewohnte Ecke.

Gradeaus war sein Recept_ gut! gradeaus und nicht zu Bett. Was ist nun gradeaus? Das Canapee_ zufällig

lag ich drauf, zufällig mag der Zufall drauf mich finden. _ Vernünftiger wär's, zu Bett zu gehn _ still, still,

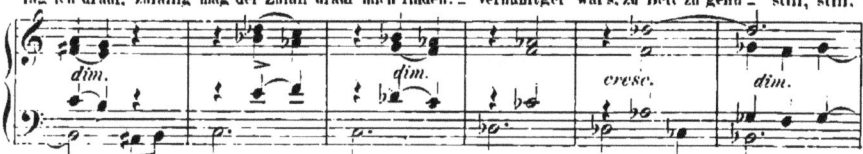

Vernunft! _ Ich bin bereit....... Gott Unbekannt!..... Er schläft ein; leises, dann stärkeres Klopfen an der Thür links. Sie öffnet sich. Laura sieht ängstlich in's Zimmer.

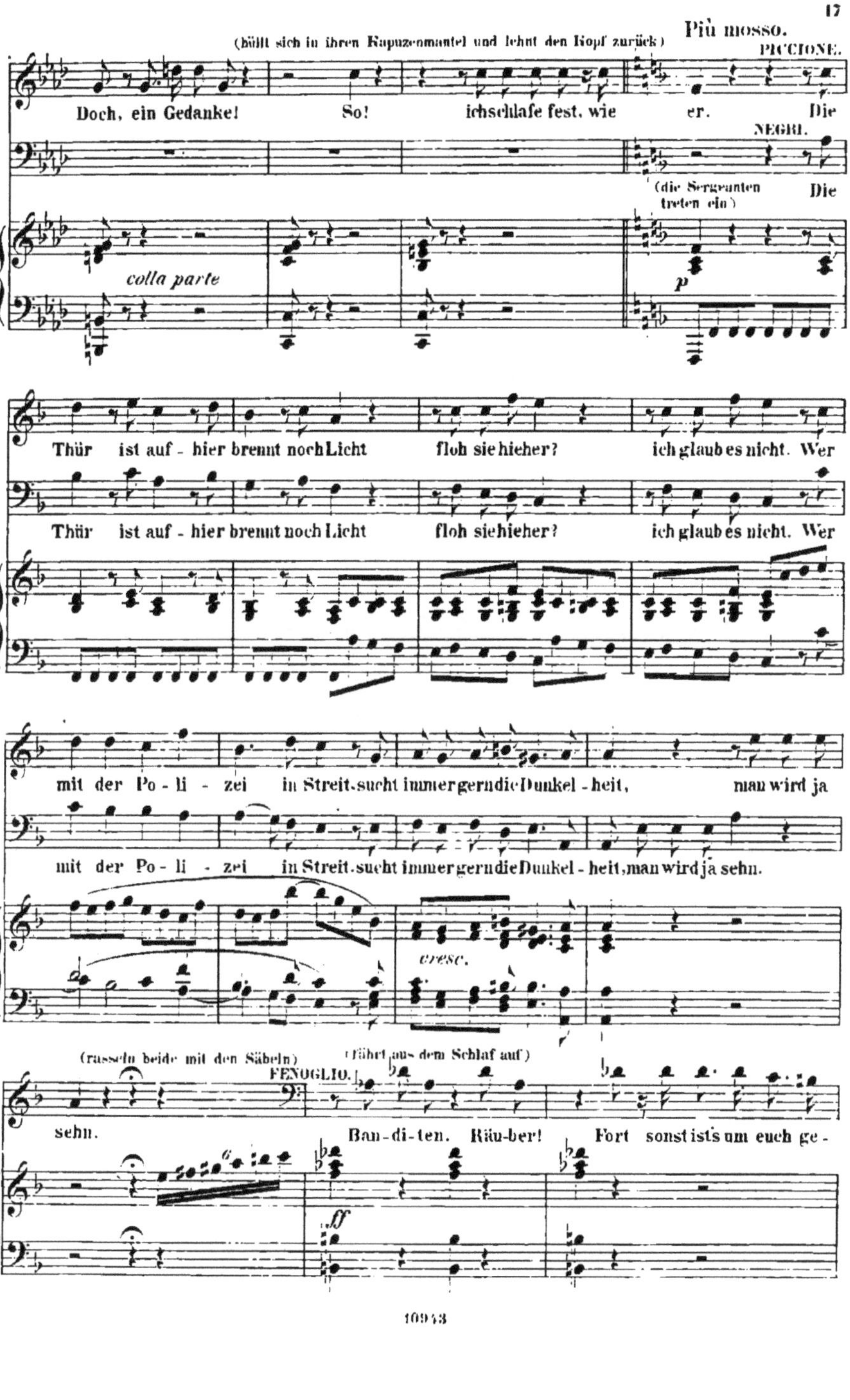
(hüllt sich in ihren Kapuzenmantel und lehnt den Kopf zurück)
Più mosso.
PICCIONE.
Doch, ein Gedanke! So! ich schlafe fest, wie er. Die
NEGRI.
(die Sergeanten treten ein)
Die
colla parte
p
Thür ist auf - hier brennt noch Licht floh sie hieher? ich glaub es nicht. Wer
Thür ist auf - hier brennt noch Licht floh sie hieher? ich glaub es nicht. Wer
mit der Po - li - zei in Streit, sucht immer gern die Dunkel - heit, man wird ja
mit der Po - li - zei in Streit, sucht immer gern die Dunkel - heit, man wird ja sehn.
cresc.
(rasseln beide mit den Säbeln)
(fährt aus dem Schlaf auf)
FENOGLIO.
sehn.
Ban-di-ten. Räu-ber! Fort sonst ist's um euch ge -
ff

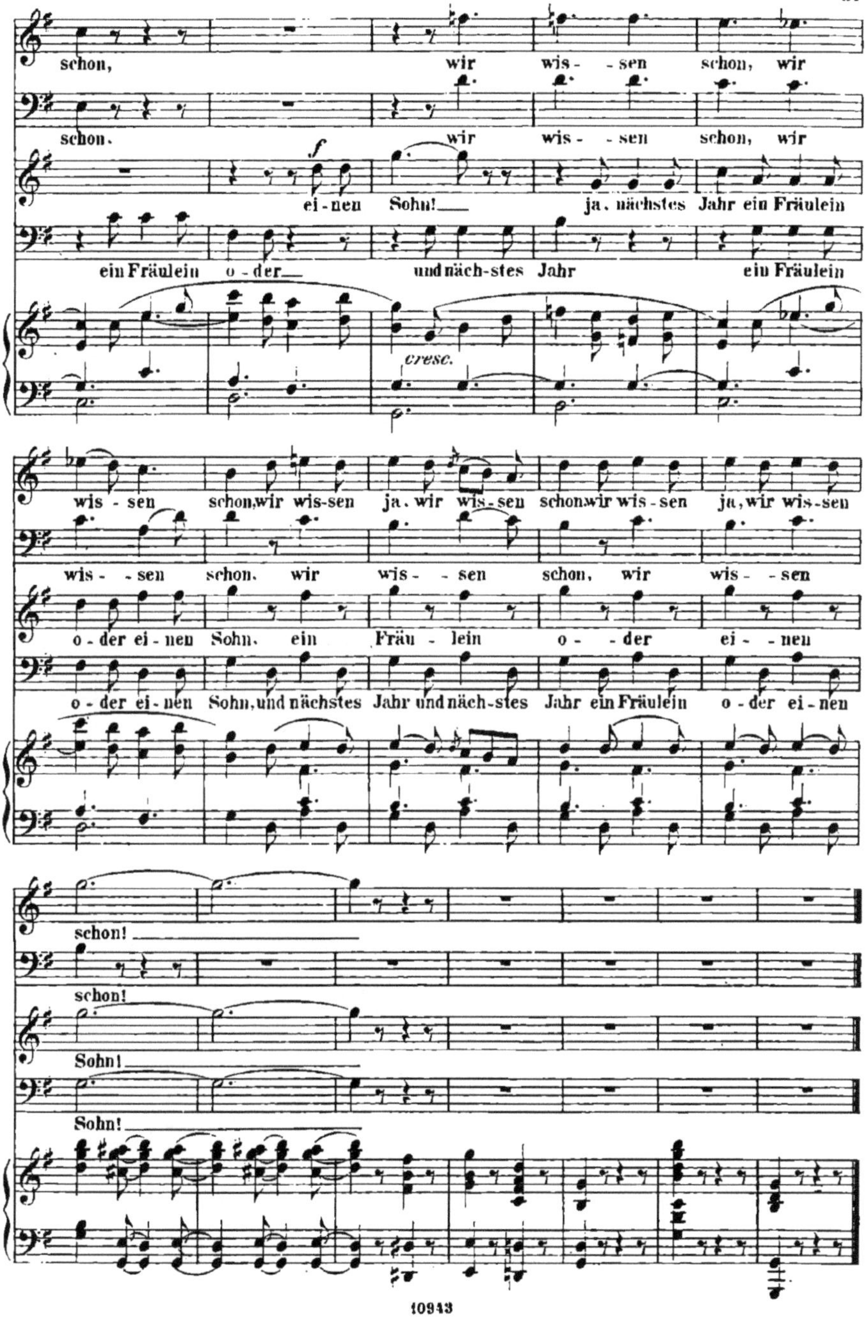
schon, wir wis - - sen schon, wir
schon. wir wis - - sen schon, wir
ei-nen Sohn! ja, nächstes Jahr ein Fräulein
ein Fräulein o-der und näch-stes Jahr ein Fräulein
cresc.
wis - sen schon, wir wis-sen ja, wir wis-sen schon, wir wis-sen ja, wir wis-sen
wis - - sen schon. wir wis - - sen schon, wir wis - - sen
o-der ei-nen Sohn. ein Fräu - lein o - der ei - nen
o-der ei-nen Sohn, und nächstes Jahr und näch-stes Jahr ein Fräulein o-der ei-nen
schon!
schon!
Sohn!
Sohn!

N.º 3. Duett.

Allegro moderato.

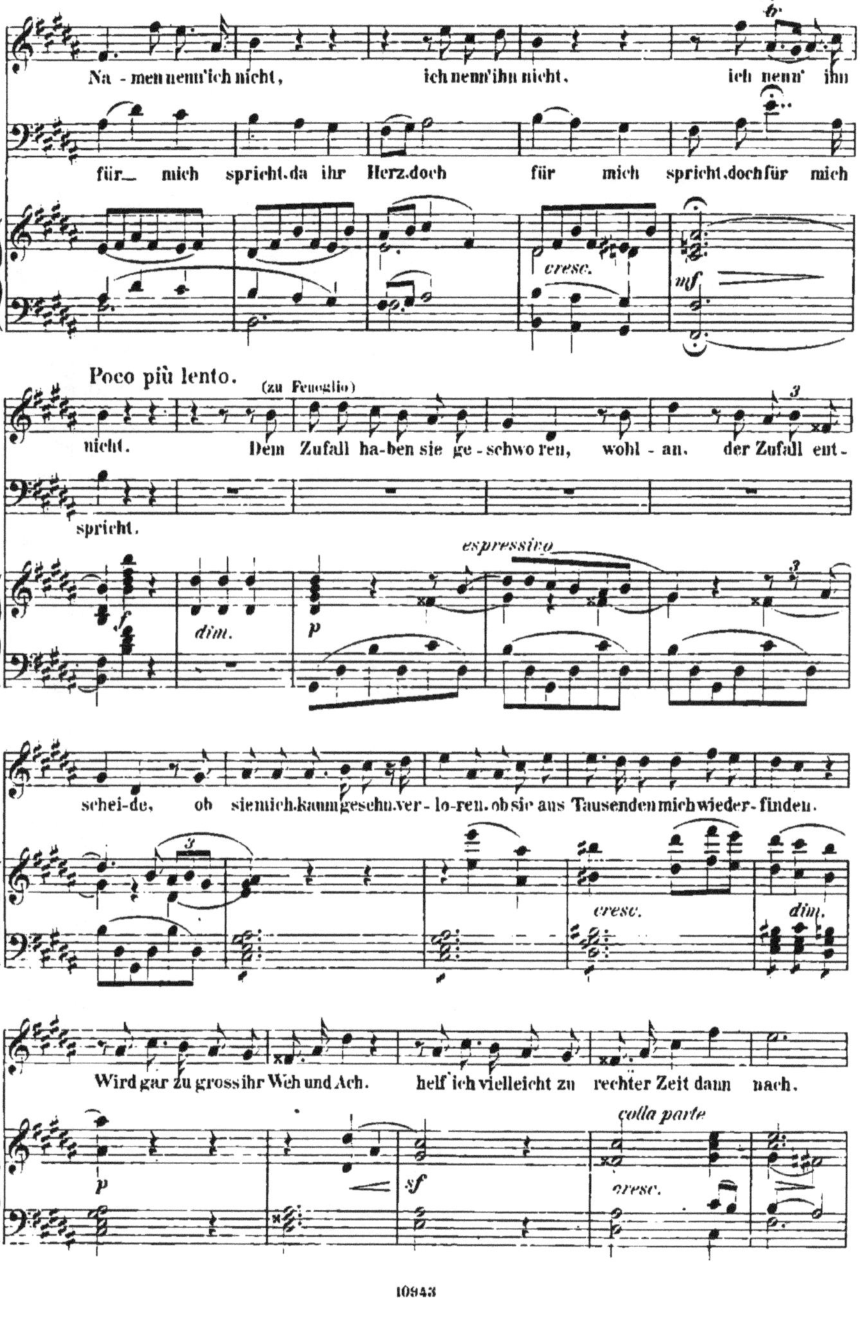
Na - men nenn' ich nicht, ich nenn' ihn nicht, ich nenn' ihn
für mich spricht, da ihr Herz doch für mich spricht, doch für mich
cresc.
mf
Poco più lento.
(zu Fenoglio)
nicht. Dem Zufall ha-ben sie ge-schwo-ren, wohl-an, der Zufall ent-
spricht.
espressivo
f
dim.
p
schei-de, ob sie mich kaum gesehn ver-lo-ren, ob sie aus Tausenden mich wieder-finden.
cresc.
dim.
Wird gar zu gross ihr Weh und Ach, helf' ich vielleicht zu rechter Zeit dann nach.
colla parte
p
sf
cresc.

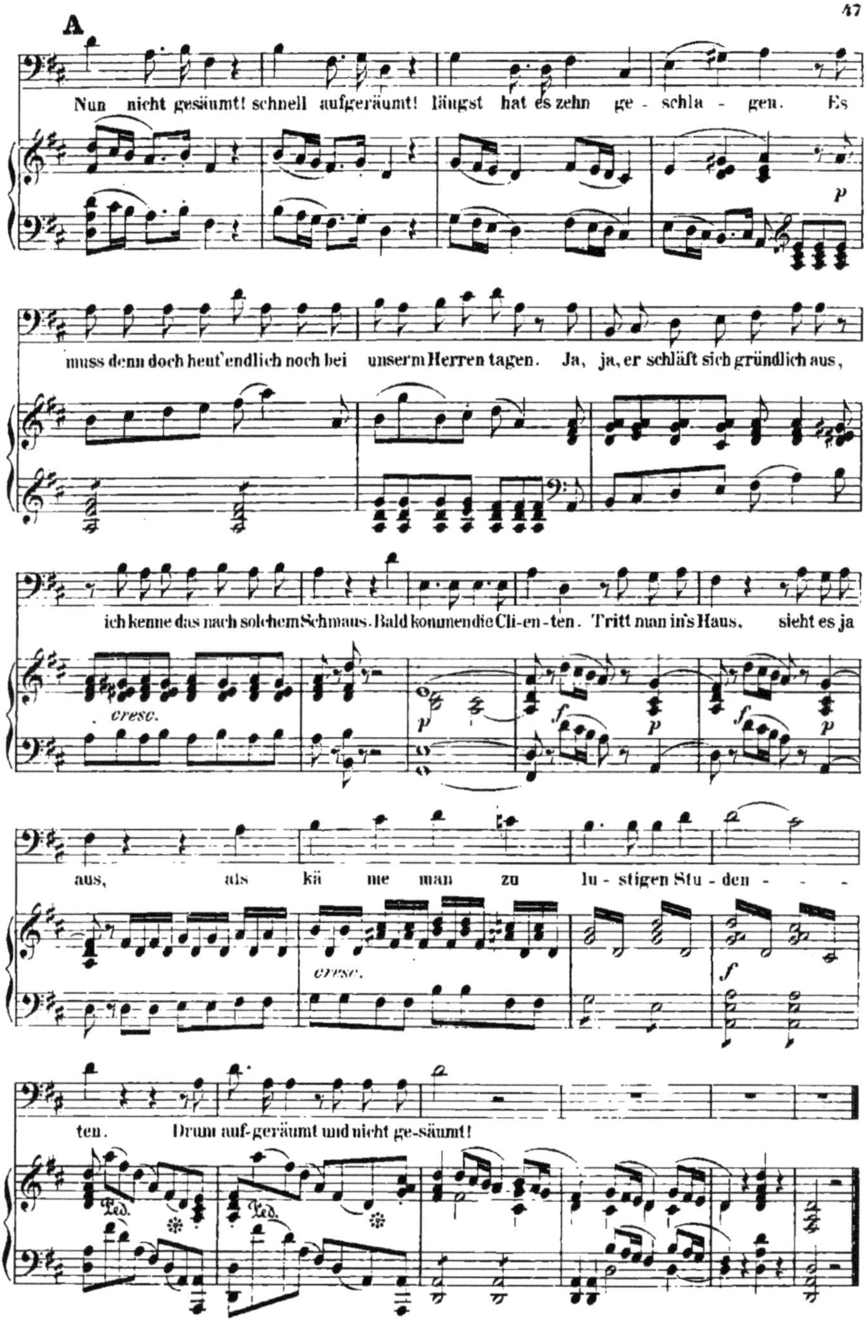
A
Nun nicht gesäumt! schnell aufgeräumt! längst hat es zehn ge - schla - gen. Es
p
muss denn doch heut' endlich noch bei unserm Herren tagen. Ja, ja, er schläft sich gründlich aus,
ich kenne das nach solchem Schmaus. Bald kommen die Cli-en-ten. Tritt man in's Haus, sieht es ja
cresc.
p
f
p
f
p
aus, als kä me man zu lu - stigen Stu - den - - -
cresc.
f
ten. Drum auf-geräumt und nicht ge-säumt!
Ped.
Ped.

N.° 5. Recitativ und Arie.

Andante sostenuto.

N.º 7. Terzett.

Allegro ma non troppo.

N.º 8. Recitativo und Arie.

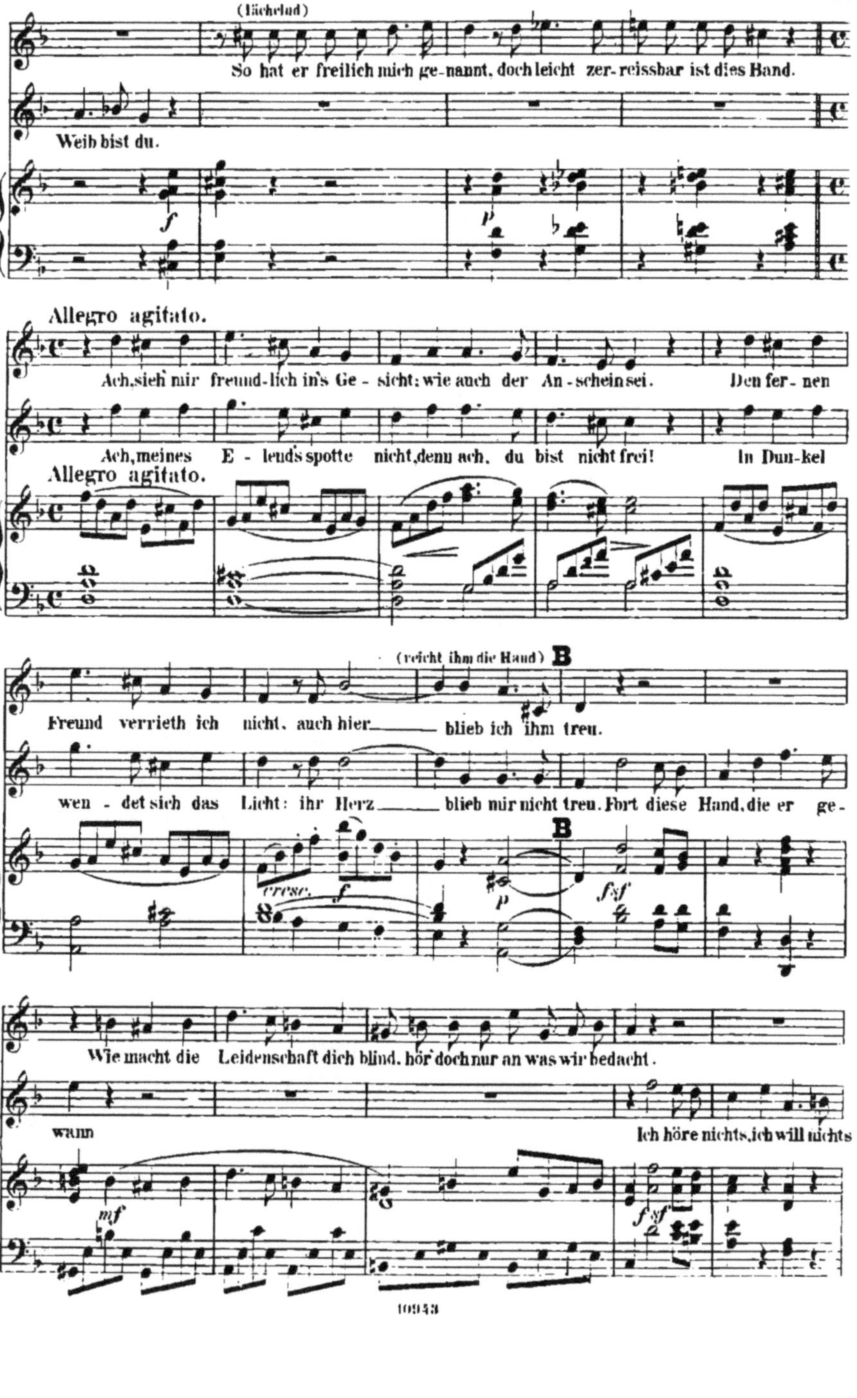
(lächelnd)
So hat er freilich mich ge-nannt, doch leicht zer-reissbar ist dies Band.
Weib bist du.
Allegro agitato.
Ach, sieh mir freund-lich in's Ge - sicht; wie auch der An-schein sei.
Den fer-nen
Ach, meines E - lends spotte nicht, denn ach, du bist nicht frei!
In Dun-kel
Allegro agitato.
(reicht ihm die Hand)
B
Freund verrieth ich nicht, auch hier blieb ich ihm treu.
wen - det sich das Licht: ihr Herz blieb mir nicht treu. Fort diese Hand, die er ge-
cresc.
Wie macht die Leidenschaft dich blind, hör doch nur an was wir bedacht.
wann
Ich höre nichts, ich will nichts

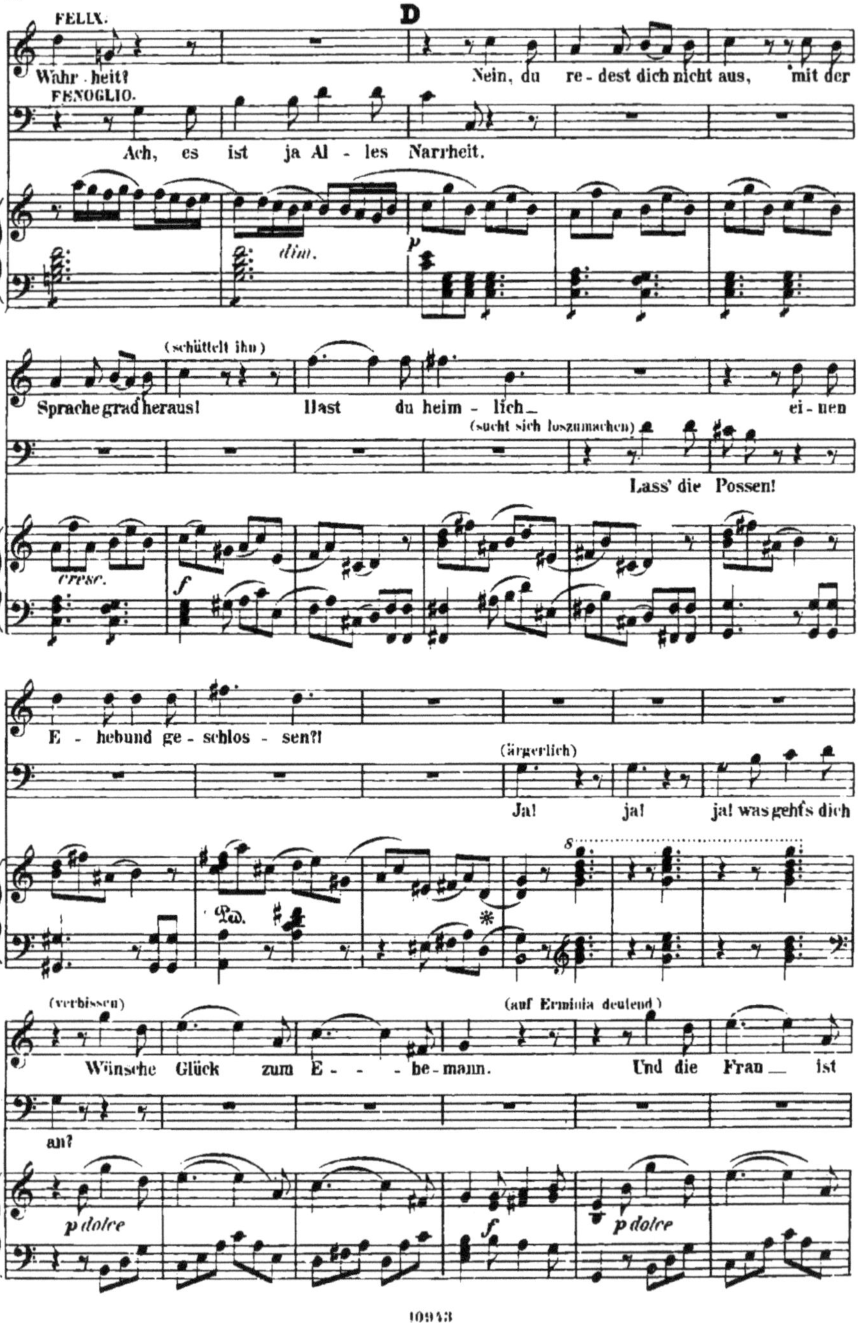
D
FELIX.
Wahr - heit? Nein, du re - dest dich nicht aus, mit der
FENOGLIO.
Ach, es ist ja Al - les Narrheit.
dim.
p
(schüttelt ihn)
Sprache grad heraus! Hast du heim - lich _ ei - nen
(sucht sich loszumachen)
Lass' die Possen!
cresc.
f
E - hebund ge - schlos - sen?!
(ärgerlich)
Ja! ja! ja! was geht's dich
𝄐.
8
(verbissen)
(auf Erminia deutend)
Wünsche Glück zum E - - - be - mann. Und die Frau _ ist
an?
p dolce
f
p dolce

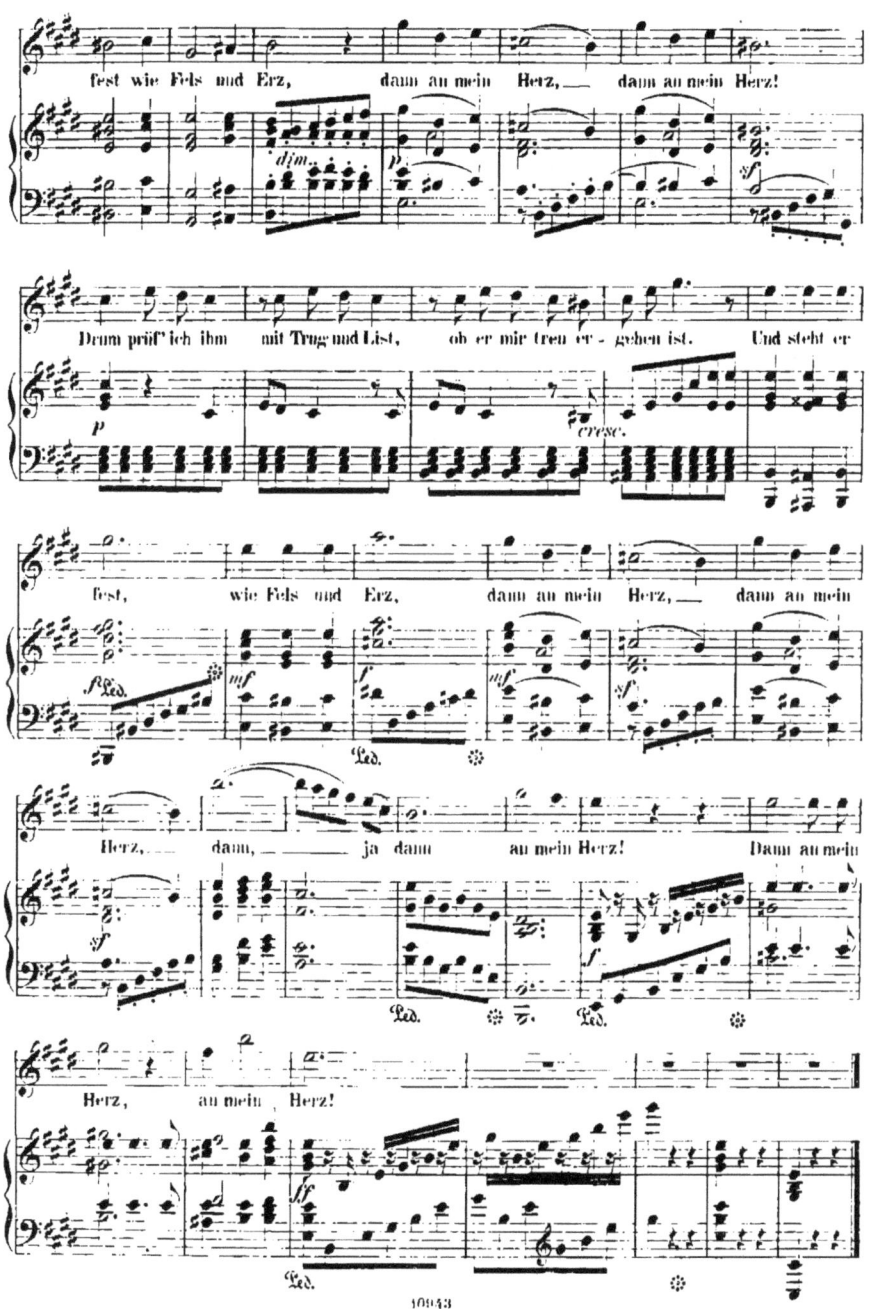

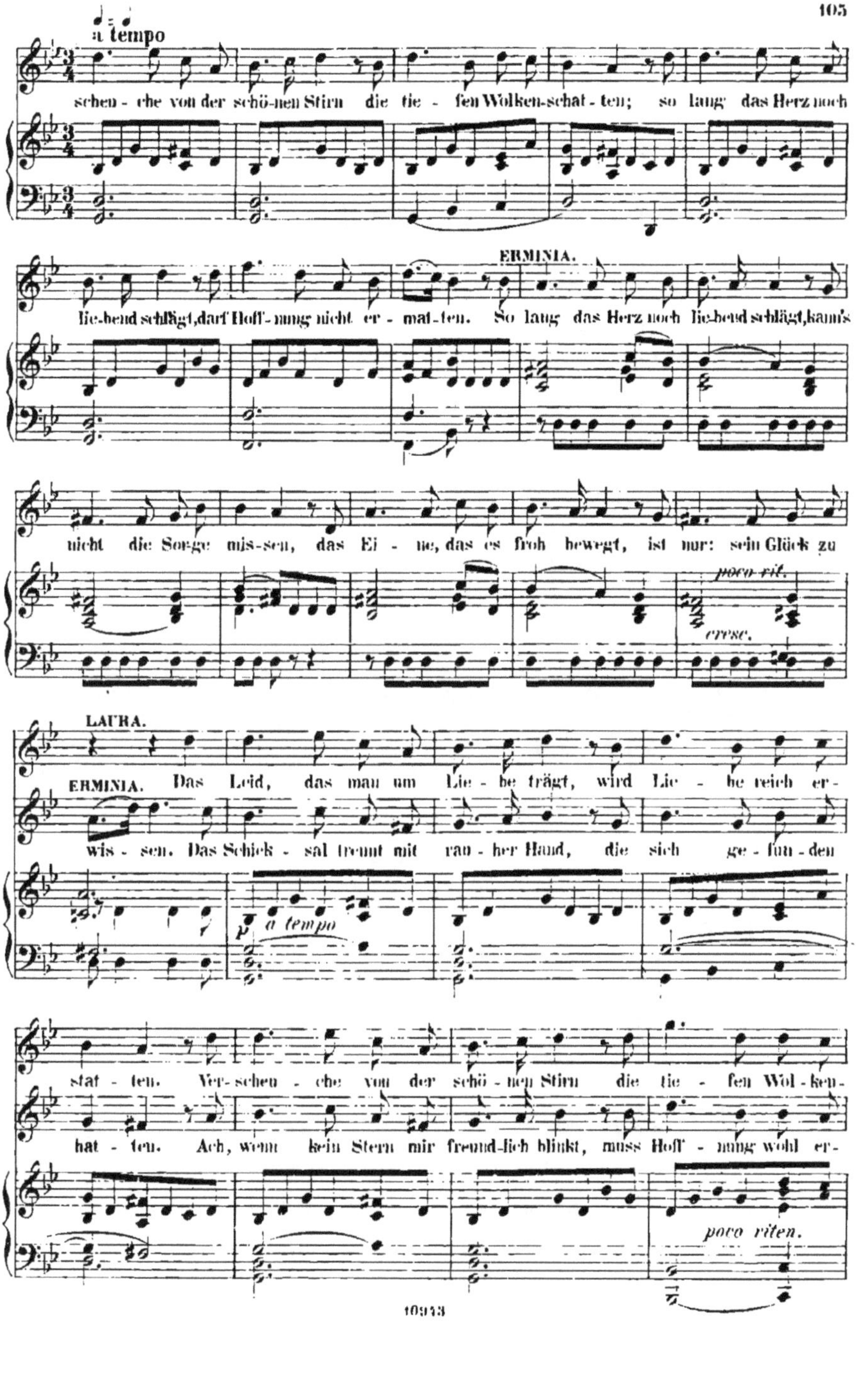
a tempo
schen - che von der schö-nen Stirn die tie - fen Wolken-schat - ten; so lang das Herz noch
ERMINIA.
lie-bend schlägt, darf Hoff - nung nicht er - mat - ten. So lang das Herz noch lie-bend schlägt, kann's
nicht die Sorge mis-sen, das Ei - ne, das es froh bewegt, ist nur: sein Glück zu
poco rit.
cresc.
LAURA.
Das Leid, das man um Lie - be trägt, wird Lie - be reich er-
ERMINIA.
wis - sen. Das Schick - sal trennt mit rau - her Hand, die sich ge - fun - den
p a tempo
stat - ten. Ver-schen - che von der schö - nen Stirn die tie - fen Wol - ken-
hat - ten. Ach, wenn kein Stern mir freund-lich blinkt, muss Hoff - nung wohl er-
poco riten.

Nº 13. Finale.

(Dora führt Fenoglio, dem die Augen verbunden sind, mitten auf die Bühne, dreht ihn einigemal um sich selbst und lässt ihn dann stehen.)

Allegretto.

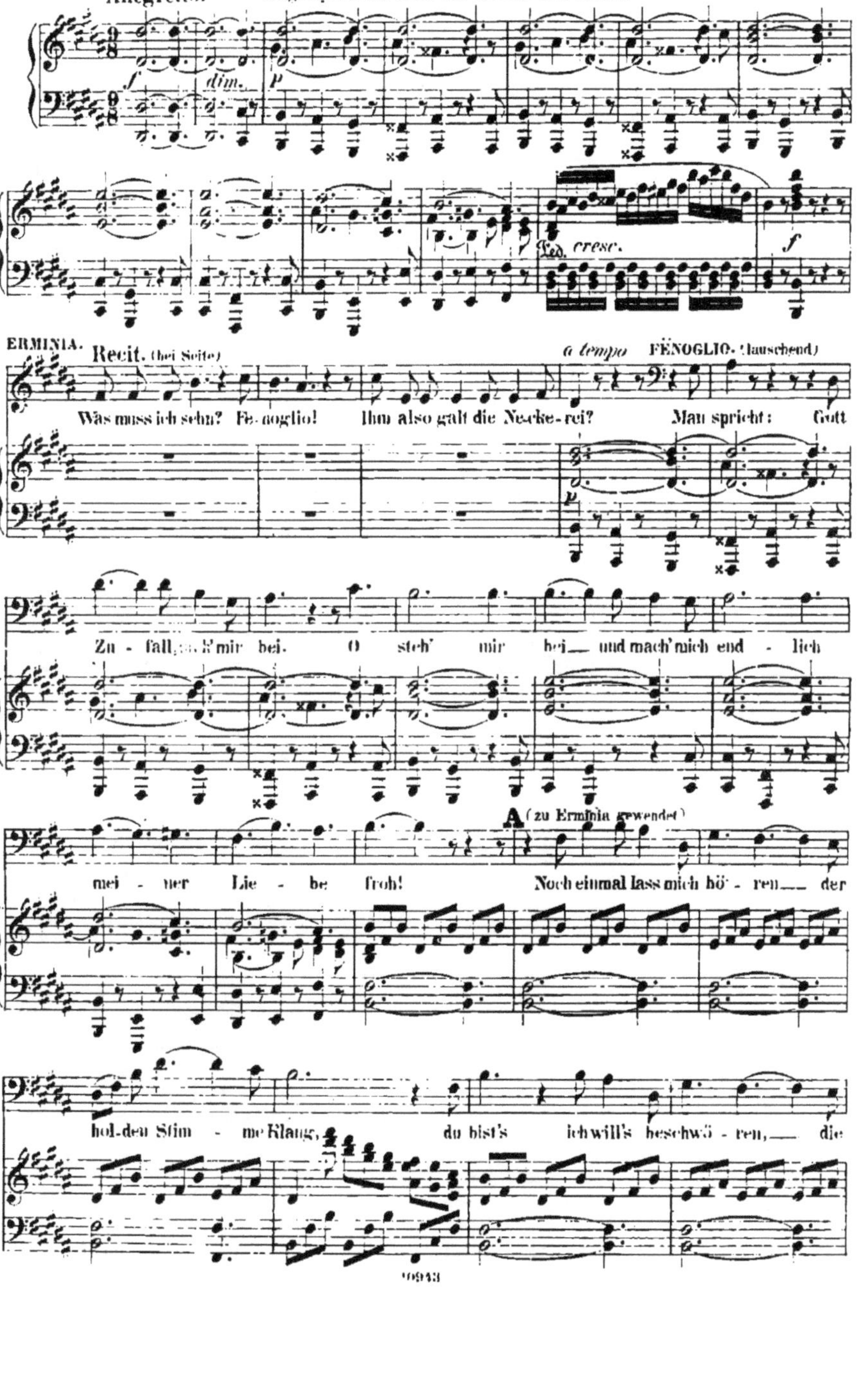
f
dim.
p
Ped.
cresc.
f
ERMINIA.
Recit. (bei Seite)
Was muss ich sehn? Fenoglio! Ihm also galt die Neckerei?
a tempo
FENOGLIO. (lauschend)
Man spricht: Gott
p
Zufall, steh' mir bei. O steh' mir bei und mach' mich endlich
meiner Liebe froh!
A (zu Erminia gewendet)
Noch einmal lass mich hören der
holden Stimme Klang, du bist's ich will's beschwören, die

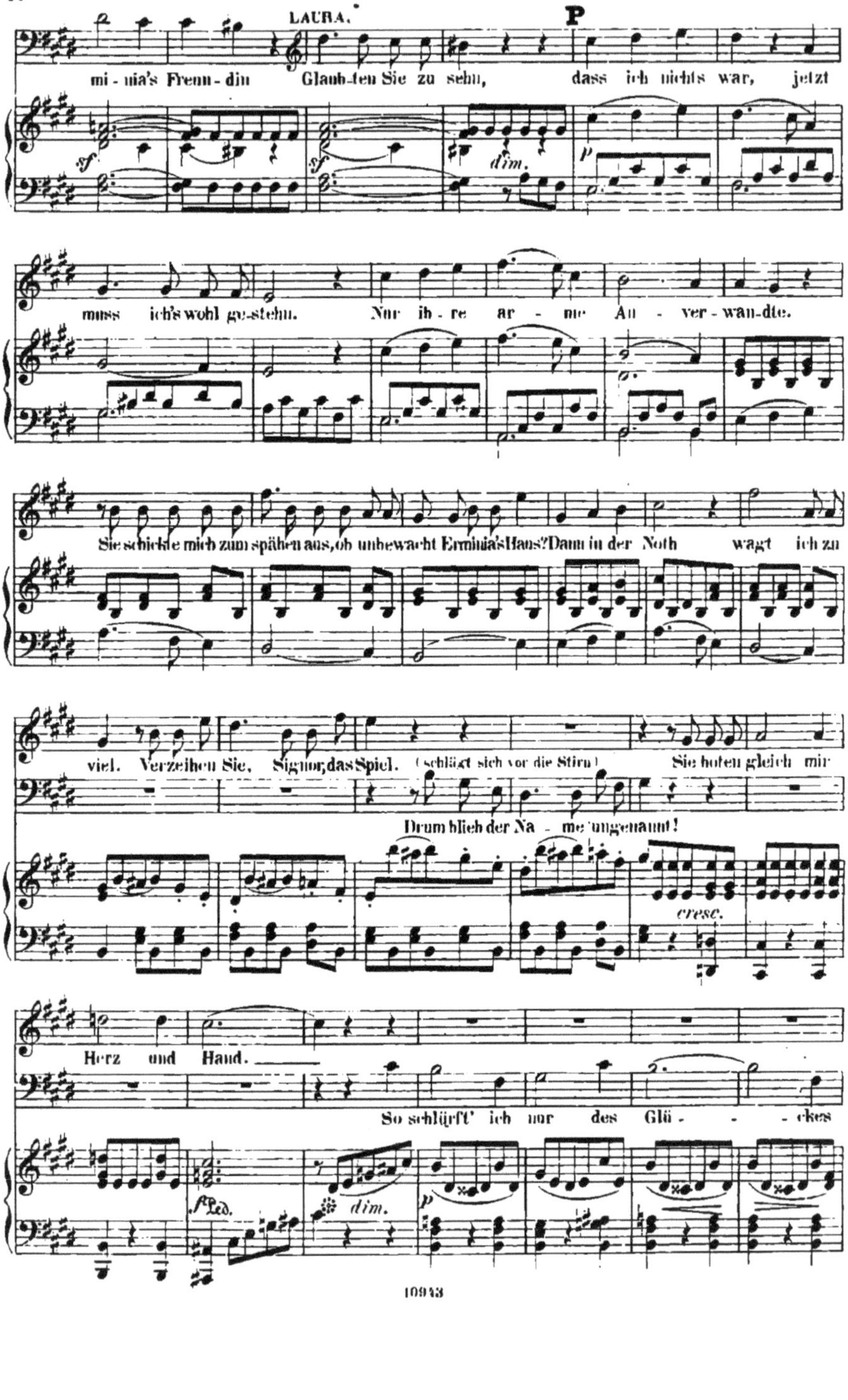
LAURA.
P
mi-nia's Freun-din
Glaub-ten Sie zu sehn, dass ich nichts war, jetzt
sf
sf
dim.
p
muss ich's wohl ge-stehn. Nur ih-re ar-me An-ver-wan-dte.
Sie schickte mich zum spähen aus, ob unbewacht Erminia's Haus? Dann in der Noth wagt ich zu
viel. Verzeihen Sie, Signor, das Spiel. (schlägt sich vor die Stirn) Sie boten gleich mir
Drum blieb der Na-me ungenannt!
cresc.
Herz und Hand.
So schlürft' ich nur des Glü-ckes
dim.
p

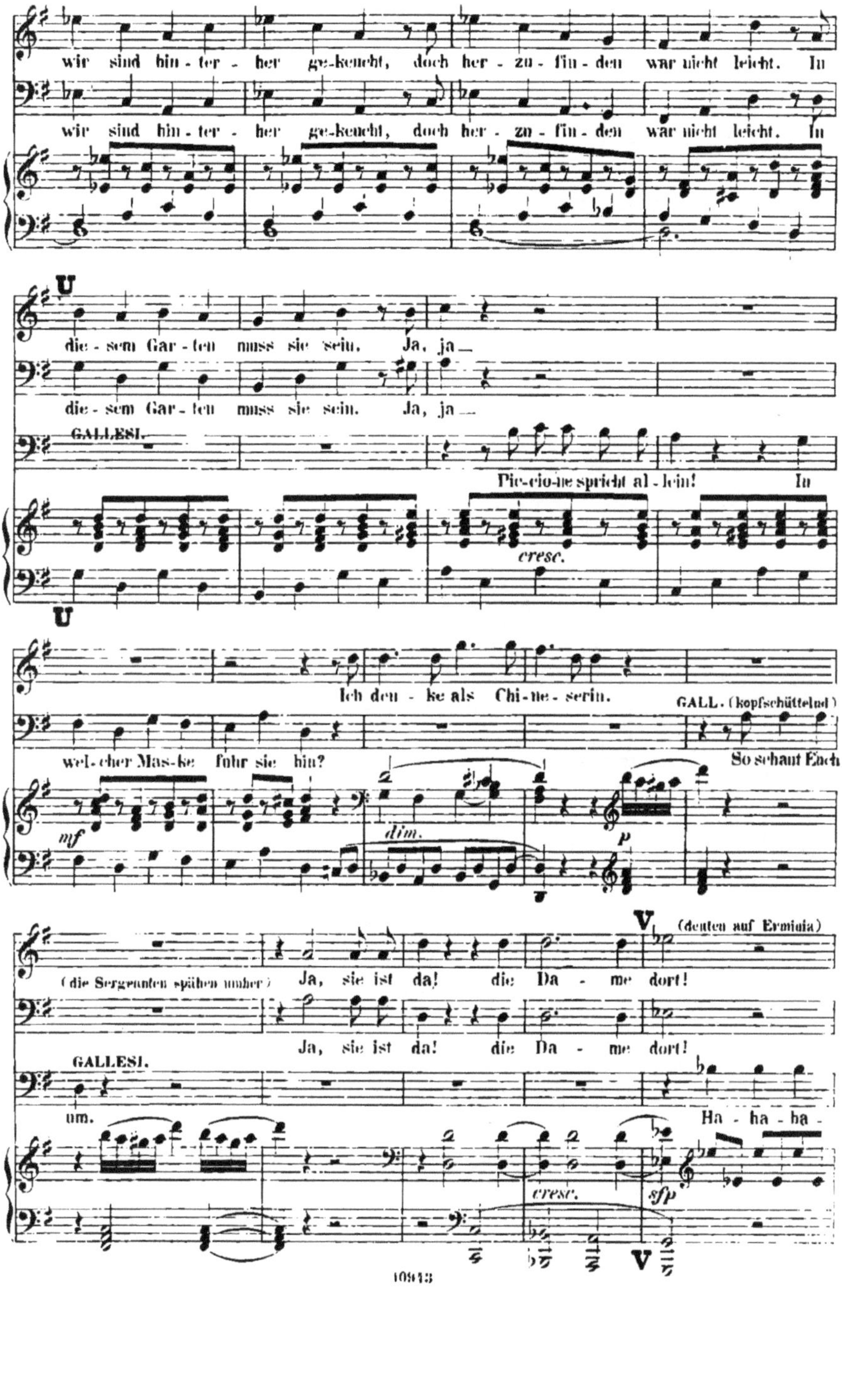

wir sind hinterher gekeucht, doch her zu finden war nicht leicht. In diesem Garten muss sie sein. Ja, ja —

GALLESI.
Piccione spricht allein! In welcher Maske fuhr sie hin?

Ich denke als Chineserin.

GALL. (kopfschüttelnd)
So schaut Euch um.

(die Sergeanten spähen umher) Ja, sie ist da! die Dame dort!
(deuten auf Erminia)
Ja, sie ist da! die Dame dort!

GALLESI.
Ha - ha - ha -

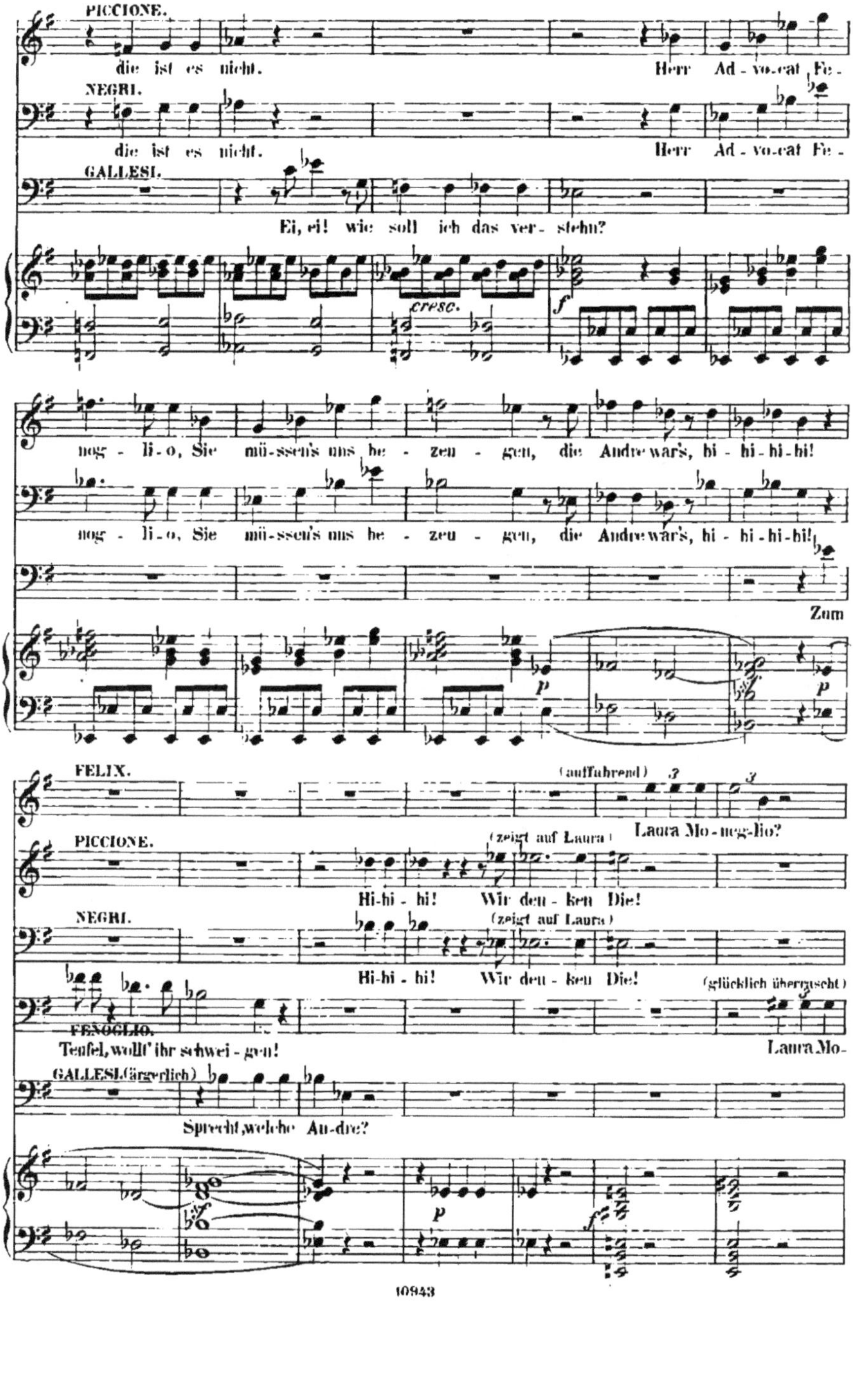

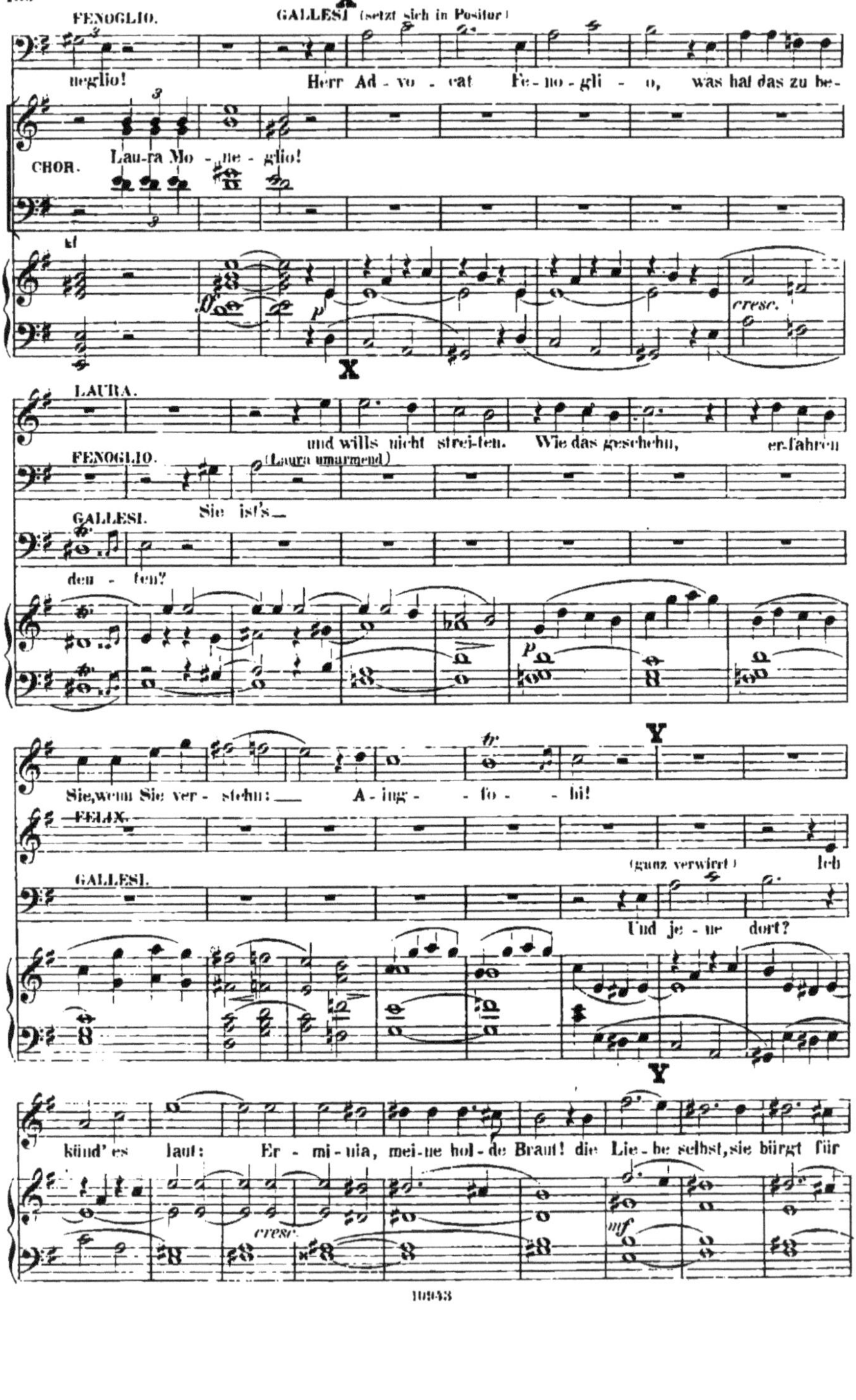
X
FENOGLIO.
GALLESI (setzt sich in Positur)
neglio!
Herr Ad-vo-cat Fe-no-gli-o, was hat das zu be-
CHOR.
Lau-ra Mo-ne-glio!
cresc.
LAURA.
und wills nicht strei-ten. Wie das geschehn, er-fahren
FENOGLIO.
(Laura umarmend)
Sie ist's
GALLESI.
deu-ten?
Sie, wenn Sie ver-stehn: A-ing-fo-bi!
Y
FELIX.
(ganz verwirrt) Ich
GALLESI.
Und je-ne dort?
künd' es laut: Er-mi-nia, mei-ne hol-de Braut! die Lie-be selbst, sie bürgt für
cresc.
mf